Impressum
Verlag: BABADADA GmbH, Nedderfeld 112 , 22529 Hamburg
Geschäftsführer / Verlagsleitung: Harald Hof
Druck: Books on Demand GmbH, In de Tarpen 42, 22848 Norderstedt

Imprint
Publisher: BABADADA GmbH, Nedderfeld 112 , 22529 Hamburg, Germany
Managing Director / Publishing direction: Harald Hof
Print: Books on Demand GmbH, In de Tarpen 42, 22848 Norderstedt, Germany

škola
sekolah

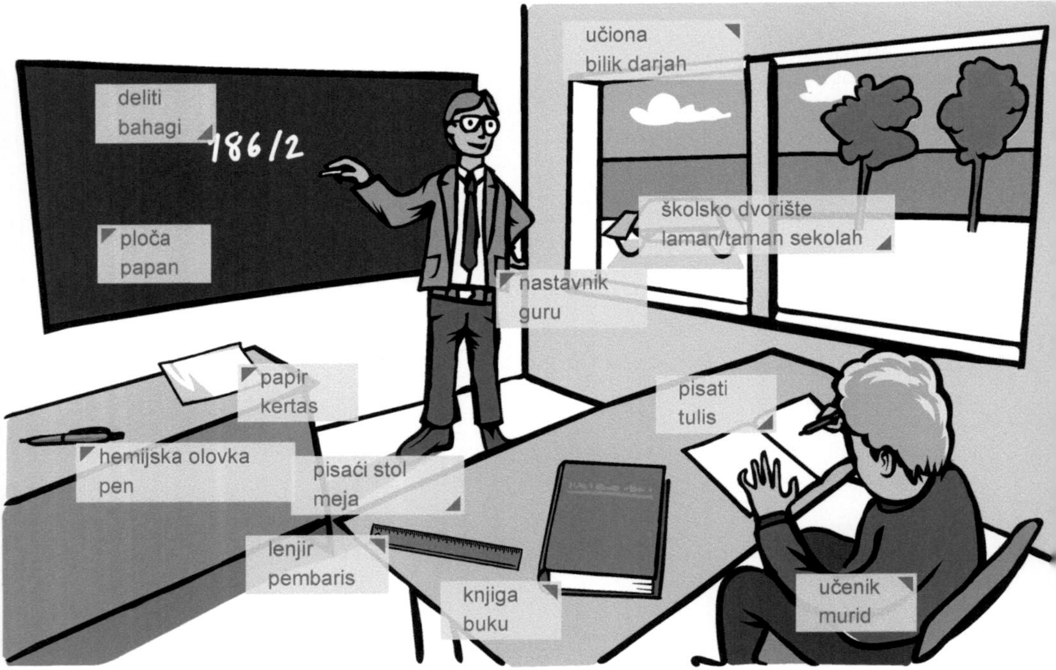
učiona
bilik darjah
deliti
bahagi
186/2
ploča
papan
školsko dvorište
laman/taman sekolah
nastavnik
guru
papir
kertas
pisati
tulis
hemijska olovka
pen
pisaći stol
meja
lenjir
pembaris
knjiga
buku
učenik
murid

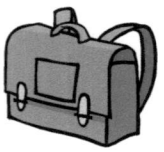

torba
beg galas

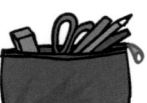

pernica
kotak pensel

grafitna olovka
pensel

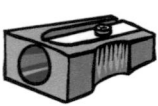

šiljilo za olovke
pengasah pensel

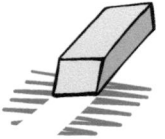

gumica za brisanje
pemadam

blok za crtanje
kertas lukisan

crtež
melukis

kist
berus lukis

kutija sa bojama
kotak warna

makaze
gunting

lepilo
gam

beležnica
buku latihan

domaći zadatak
kerja rumah

broj
nombor

2+2

sabirati
tambah

5-2

oduzimati
tolak

množiti
darab

računati
kira

slovo
huruf

ABCDEFG
HIJKLMN
OPQRSTU
VWXYZ

abeceda
abjad

reč
kata

tekst

teks

čitati

baca

kreda

kapur

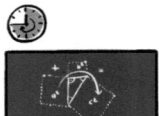

čas

pelajaran

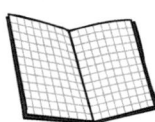

dnevnik

daftar

ispit

peperiksaan

svedočanstvo

sijil

školska uniforma

uniform sekolah

obrazovanje

pendidikan

leksikon

ensiklopedia

univerzitet

universiti

mikroskop

mikroskop

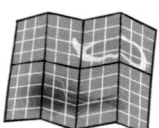

karta

peta

košara za papir

bakul sampah

putovanje
berjalan

hotel
hotel
Grand
prenoćište
asrama
ROOMS
menjačnica
pejabat tukaran mata wang
kofer
beg pakaian
auto
kereta

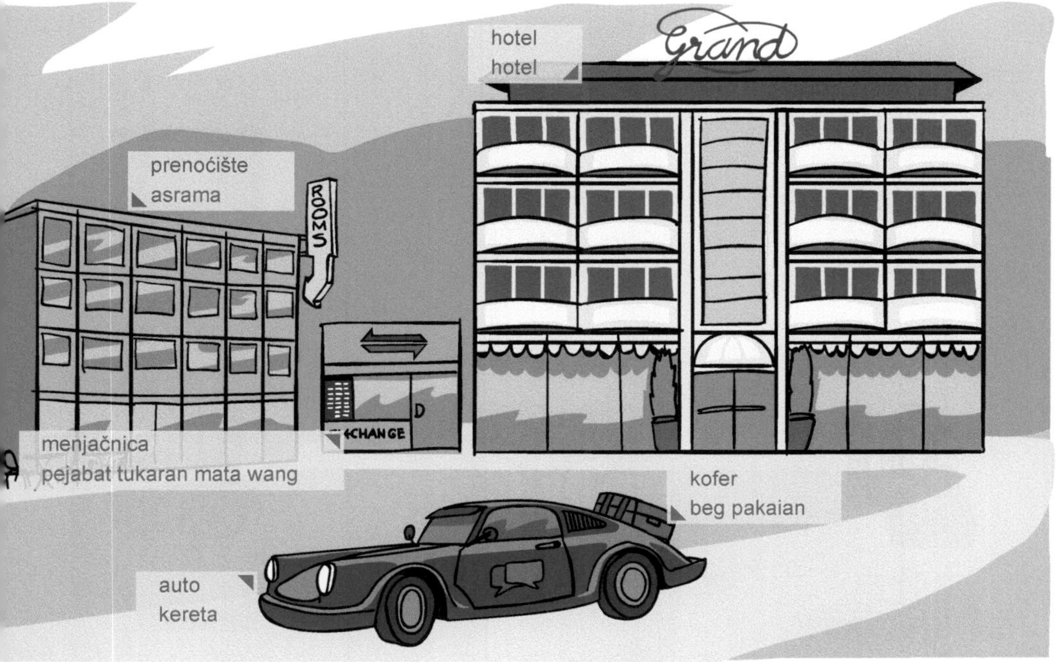

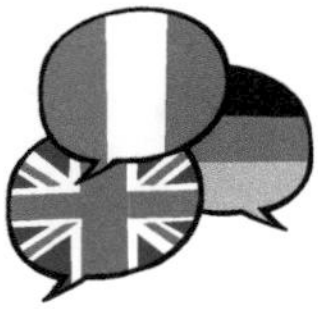

jezik
bahasa

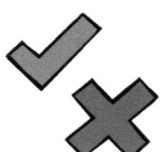

da / ne
ya / tidak

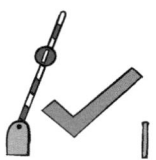

okej
okey

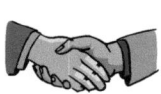

zdravo
helo

prevodilac
penterjemah

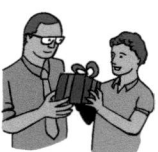

hvala
Terima kasih

Koliko košta...?

berapa banyak...?

ne razumem

saya tidak faham

problem

masalah

dobro veče!

Selamat petang!

Dobro jutro!

Selamat Pagi!

Laku noć!

Selamat Malam!

doviđenja

selamat tinggal

smer

arah

prtljaga

bagasi

torba

beg

ruksak

beg galas

gost

tetamu

soba

bilik tidur

vreća za spavanje

beg tidur

šator

khemah

turističke informacije
maklumat pelancong

plaža
pantai

kreditna kartica
kad kredit

doručak
sarapan

ručak
makan tengah hari

večera
makan malam

karta za vožnju
tiket

lift
lif

poštanska markica
setem

granica
sempadan

carina
kastam

ambasada
kedutaan

viza
visa

pasoš
pasport

transport
pengangkutan

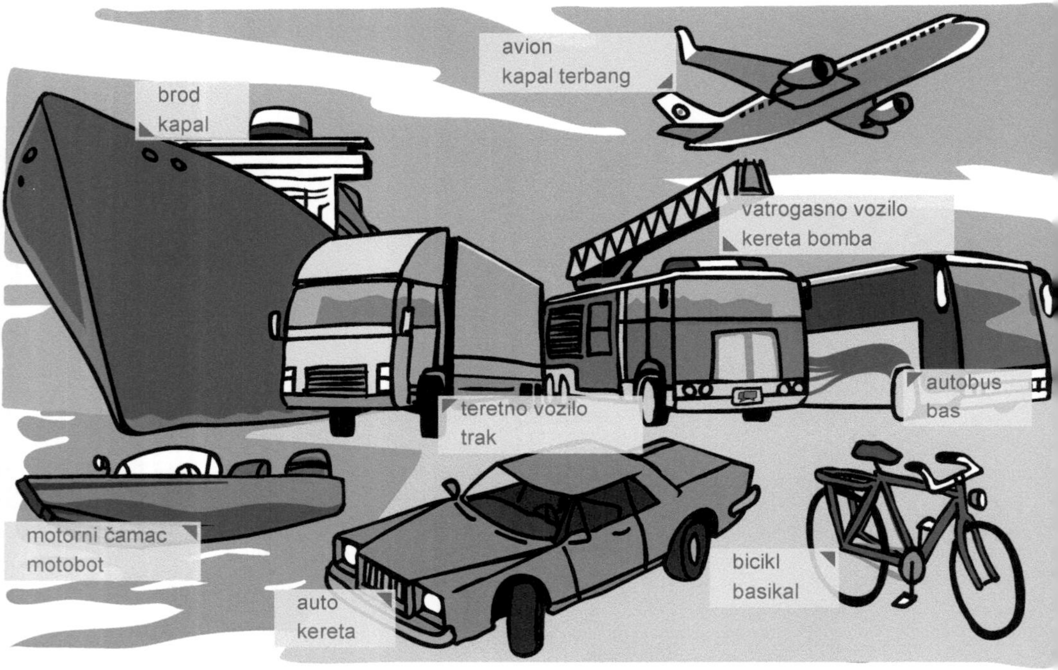
avion
kapal terbang
brod
kapal
vatrogasno vozilo
kereta bomba
autobus
bas
teretno vozilo
trak
motorni čamac
motobot
bicikl
basikal
auto
kereta

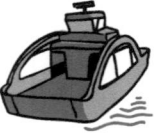

trajekt

feri

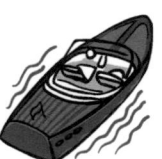

čamac

bot

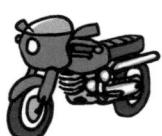

motocikl

motosikal

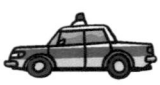

policijski auto

kereta polis

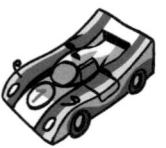

trkaći auto

kereta lumba

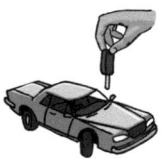

iznajmljeno auto

kereta sewa

delenje automobila

berkongsi kereta

vučno vozilo

trak tunda

vozilo za odvoz smeća

trak menolak

motor

motor

benzin

bahan api

benzinska stanica

stesen minyak

saobraćajni znak

tanda trafik

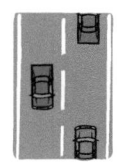

saobraćaj

trafik

zastoj

kesesakan lalu lintas

parkiralište

tempat parkir

železnička stanica

stesen kereta api

šine

trek

voz

kereta api

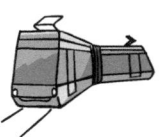

tramvaj

trem

vagon

gerabak

helikopter
helikopter

aerodrom
lapangan terbang

kula
Menara

putnik
penumpang

kontejner
bekas

karton
kadbod

kolica
kart

korpa
bakul

uzleteti / sleteti
berlepas / mendarat

grad
bandar

selo
kampung

centar grada
pusat bandar

kuća
rumah

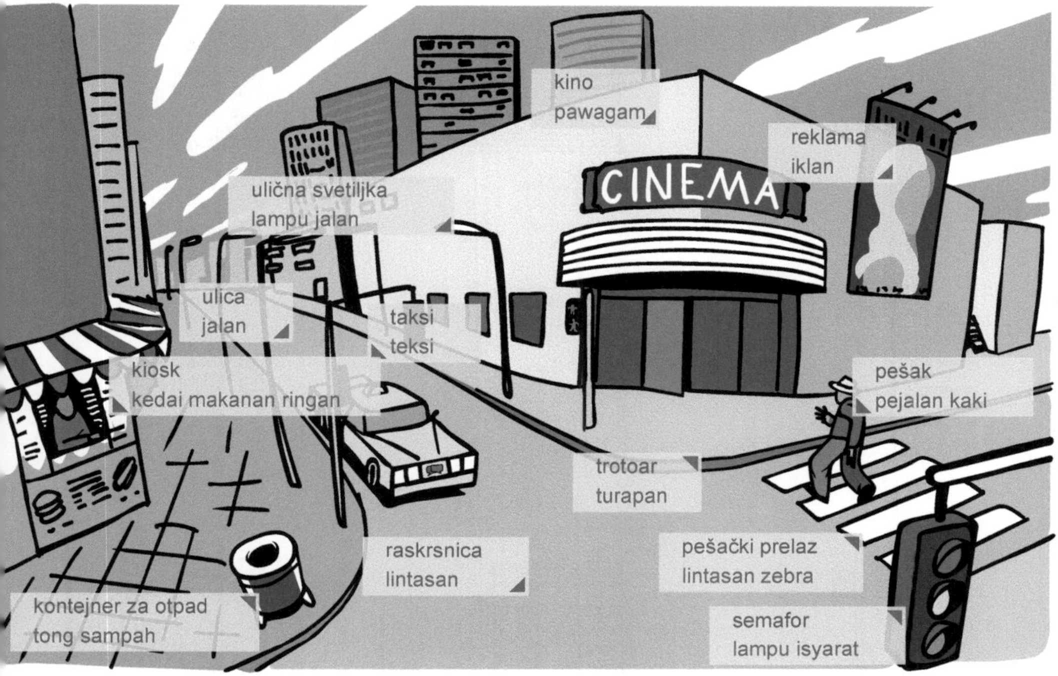

kino
pawagam

reklama
iklan

ulična svetiljka
lampu jalan

CINEMA

ulica
jalan

taksi
teksi

kiosk
kedai makanan ringan

pešak
pejalan kaki

trotoar
turapan

raskrsnica
lintasan

pešački prelaz
lintasan zebra

kontejner za otpad
tong sampah

semafor
lampu isyarat

koliba

pondok

stan

flat

železnička stanica

stesen kereta api

većnica

dewan bandar

muzej

muzium

škola

sekolah

univerzitet

universiti

banka

bank

bolnica

hospital

hotel

hotel

apoteka

farmasi

kancelarija

pejabat

knjižara

kedai buku

prodavnica

kedai

cvećara

kedai bunga

supermarket

pasar raya

trg

pasaran

robna kuća

gedung

ribarnica

penjual ikan

trgovački centar

pusat membeli-belah

luka

pelabuhan

park

taman

klupa

bangku

most

jambatan

stepenice

tangga

podzemna železnica

bawah tanah

tunel

terowong

autobuska stanica

hentian bas

bar

bar

restoran

restoran

poštansko sanduče

peti surat

ulični znak

papan tanda jalan

parkirni automat

meter parkir

zoološki vrt

zoo

bazen

kolam renang

džamija

masjid

seosko gazdinstvo
....
ladang

zagađenje okoline
....
pencemaran

groblje
....
tanah perkuburan

crkva
....
gereja

igralište
....
taman permainan

hram
....
kuil

pejsaž
landskap

list
daun

putokaz
tiang tanda

put
jalan

livada
padang rumput

kamen
batu

drvo
pokok

šetač
pejalan kaki

reka
sungai

trava
rumput

cvijet
bunga

dolina
lembah

planina
bukit

jezero
tasik

šuma
hutan

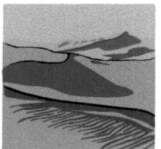

pustinja
padang pasir

vulkan
gunung berapi

dvorac
istana

duga
pelangi

gljiva
cendawan

palma
pokok kelapa sawit

moskito
nyamuk

muva
terbang

mrav
semut

pčela
lebah

pauk
labah-labah

buba
kumbang

žaba
katak

veverica
tupai

jež
landak

zec
arnab

sova
burung hantu

ptica
burung

labud
angsa

divlja svinja
babi jantan

jelen
rusa

los
moose

nasip
empangan

vetrenjača
turbin angin

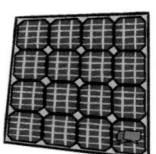

solarna ploča
panel solar

klima
iklim

restoran
restoran

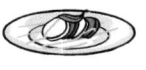

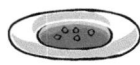

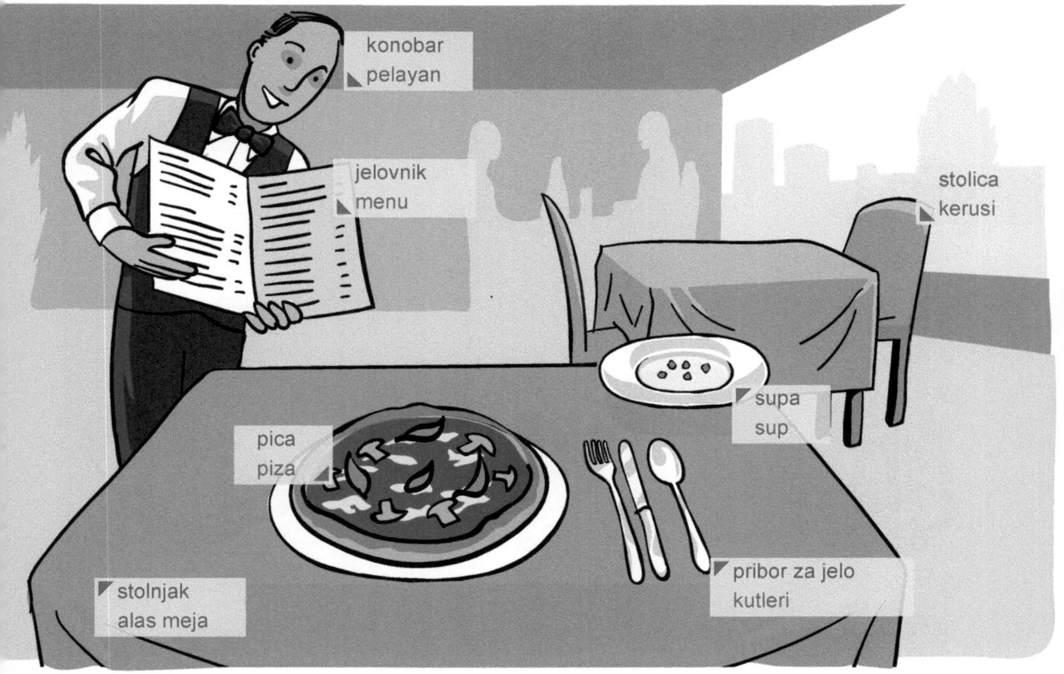
konobar
pelayan
jelovnik
menu
stolica
kerusi
supa
sup
pica
piza
pribor za jelo
kutleri
stolnjak
alas meja

predjelo

pemula

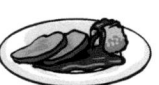

glavno jelo

hidangan utama

desert

pencuci mulut

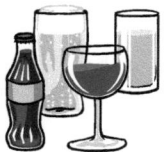

napitci

minuman

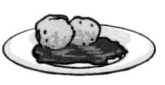

jelo

makanan

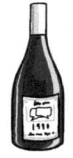

flaša

botol

brza hrana

makanan segera

imbis hrana

makanan jalanan

čajnik

teko

doza za šećer

mangkuk gula

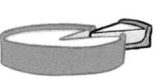

porcija

bahagian

aparat za espresso

mesin espreso

visoka stolica

kerusi tinggi

račun

bil

poslužavnik

dulang

nož

pisau

viljuška

garfu

kašika

sudu

čajna kašika

sudu teh

salveta

serviette

čaša

gelas

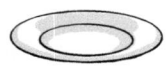

tanjir
pinggan

tanjir za supu
mangkuk sup

tanjirić
piring

sos
sos

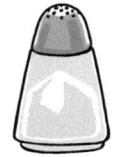

soljenka
tempat garam

mlin za biber
pengisar lada

sirće
cuka

ulje
minyak

začini
rempah

kečap
sos

senf
mustard

majoneza
mayones

supermarket

pasar raya

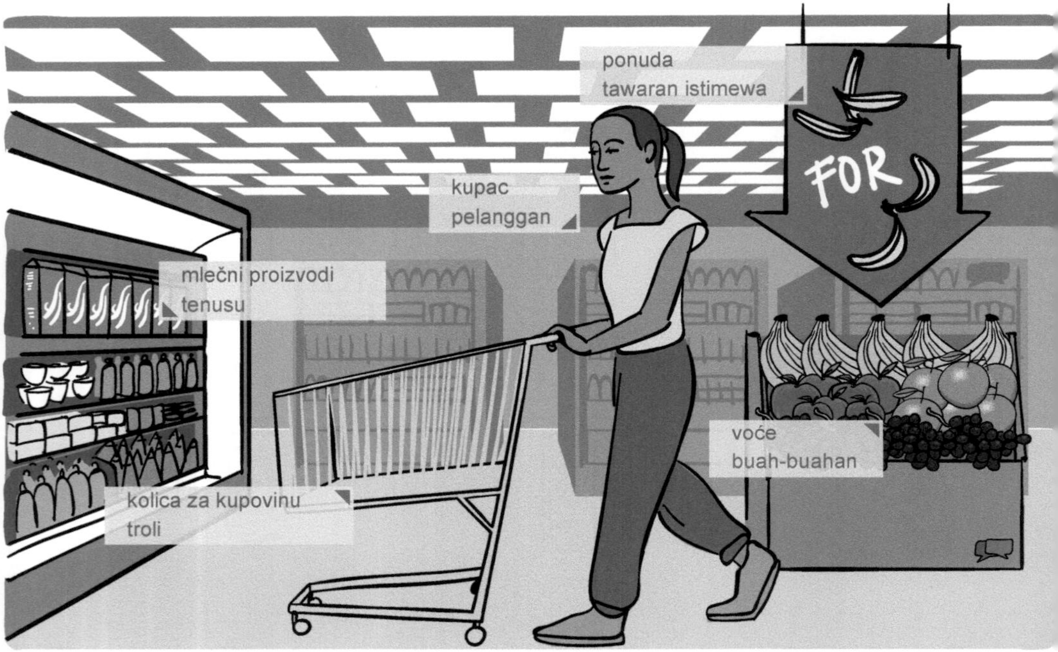

ponuda
tawaran istimewa
FOR
kupac
pelanggan
mlečni proizvodi
tenusu
voće
buah-buahan
kolica za kupovinu
troli

BUTCHERS

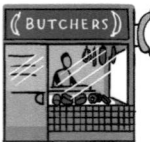

mesnica

tukang daging

BAKERY

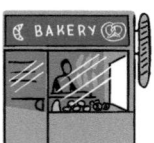

pekara

kedai roti

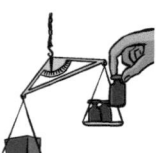

vagati

berat

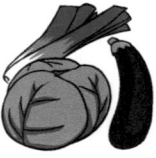

povrće

sayur-sayuran

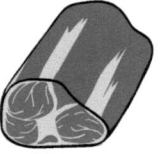

meso

daging

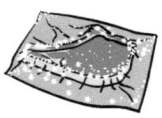

smrznuta hrana

makanan sejuk beku

narezak

daging sejuk

konzerve

makanan dalam tin

sredstvo za pranje

serbuk pencuci

slatkiši

gula-gula

artikli za domaćinstvo

produk isi rumah

sredstva za čišćenje

produk pembersihan

prodavačica

orang jualan

blagajna

daftar tunai

blagajnik

juruwang

lista za kupovinu

senarai membeli-belah

vreme rada

waktu pembukaan

novčanik

beg duit

kreditna kartica

kad kredit

torba

beg

plastična kesa

beg plastik

voda

air

sok

jus

mleko

susu

kola

kola

vino

wain

pivo

bir

alkohol

alkohol

kakao

koko

čaj

the

kava

kopi

espresso

espreso

cappuccino

kapucino

banana

pisang

jabuka

epal

narandža

oren

lubenica

tembikai

limun

lemon

šargarepa

lobak merah

beli luk

bawang putih

bambus

buluh

luk

bawang

gljiva

cendawan

orašasti plodovi

kacang

rezanci

mi

špagete
....
spageti

riža
....
nasi

salata
....
salad

pomfrit
....
kerepek

pečeni krumpir
....
kentang goreng

pica
....
piza

hamburger
....
hamburger

sendvič
....
sandwic

šnicla
....
kutlet

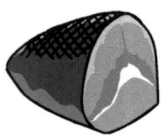

šunka
....
ham

salama
....
salami

kobasica
....
sosej

kokoš
....
ayam

pečenje
....
panggang

riba
....
ikan

zobene pahuljice

bubur oat

musli

muesli

kukuruzne pahuljice

emping jagung

brašno

tepung

kroasan

kroisan

pecivo

roti roll

hleb

roti

toast

roti bakar

keksi

biskut

maslac

mentega

sveži sir

dadih

kolač

kek

jaje

telur

jaje na oko

telur goreng

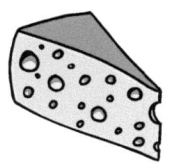

sir

keju

sladoled

ais krim

šećer

gula

med

madu

marmelada

jem

nugat krema

krim nougat

kari

kari

seosko gazdinstvo
ladang

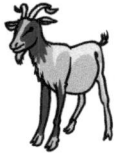

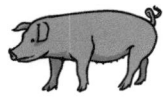

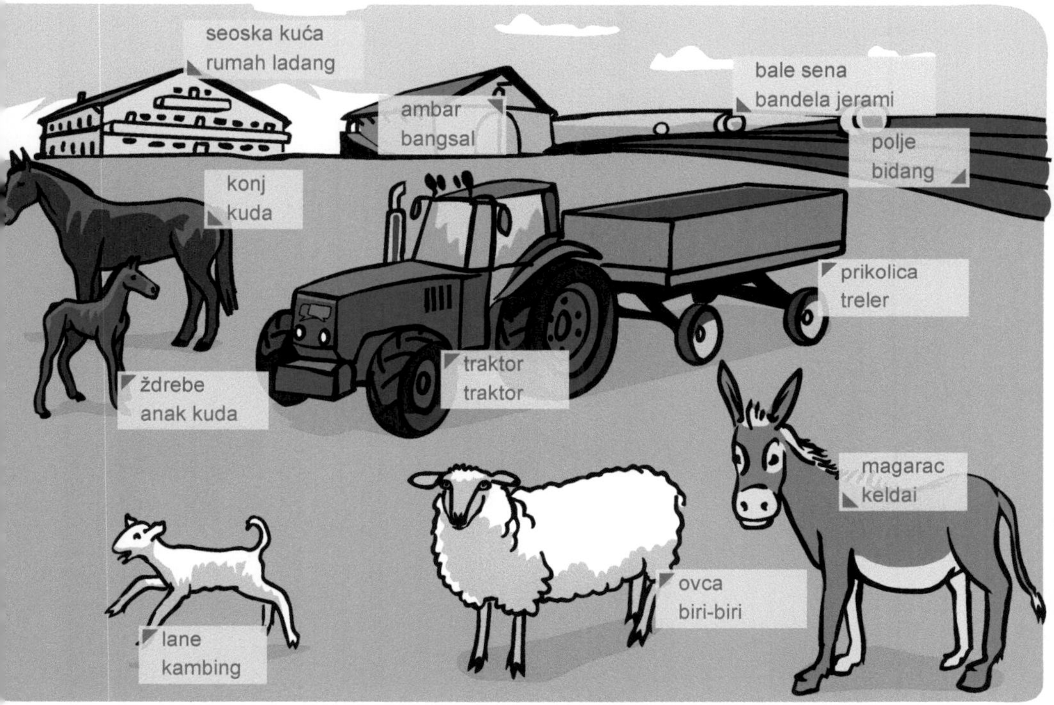

seoska kuća
rumah ladang
ambar
bangsal
bale sena
bandela jerami
polje
bidang
konj
kuda
prikolica
treler
traktor
traktor
ždrebe
anak kuda
magarac
keldai
ovca
biri-biri
lane
kambing

koza
kambing

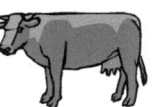

krava
lembu

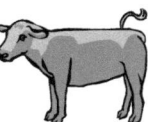

tele
anak lembu

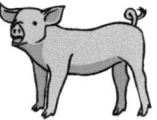

svinja
babi

prase
anak babi

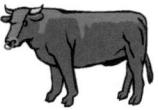

bik
lembu

guska

angsa

patka

itik

pilići

anak ayam

kokoš

ayam betina

petao

ayam jantan muda

pacov

tikus

mačka

kucing

miš

tikus

vol

lembu jantan

pas

anjing

kućica za psa

rumah anjing

vrtno crevo

hos taman

kanta za polivanje

bekas siraman

kosa

sabit

plug

bajak

srp
sabit

motika
cangkul

viljuška za đubrivo
serampang peladang

sekira
kapak

tačke
kereta sorong

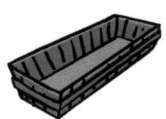

korito
palung

posuda za mleko
tin susu

vreća
karung

ograda
pagar

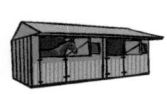

štala
stabil

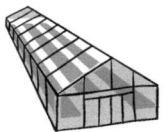

staklenik
rumah hijau

zemlja
tanah

seme
benih

đubrivo
baja

kombajn
jentuai

žeti
tuai

žetva
menuai

jams začin
keladi

pšenica
gandum

soja
soya

krumpir
kentang

kukuruz
jagung

uljana repica
biji sawi

voćka
pokok buah-buahan

gomolj manioke
ubi kayu

žitarice
bijirin

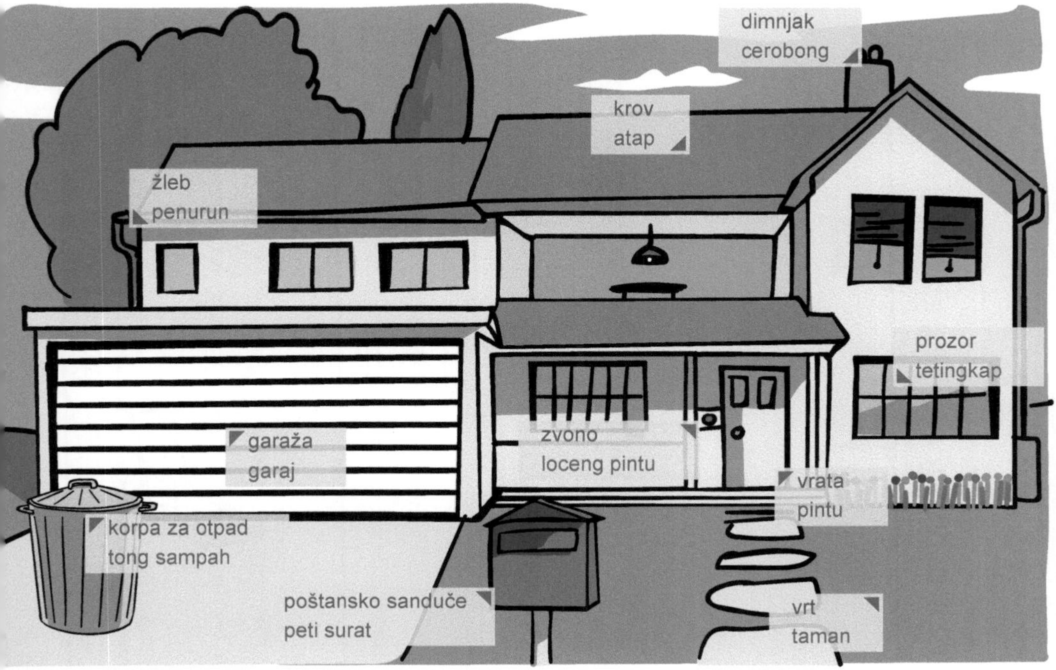

dimnjak
cerobong

krov
atap

žleb
penurun

prozor
tetingkap

garaža
garaj

zvono
loceng pintu

vrata
pintu

korpa za otpad
tong sampah

poštansko sanduče
peti surat

vrt
taman

dnevna soba

ruang tamu

kupaonica

bilik air

kuhinja

dapur

spavaća soba

bilik tidur

dečija soba

bilik kanak-kanak

trpezarija

ruang makan

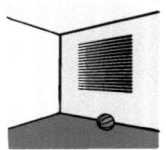

pod
lantai

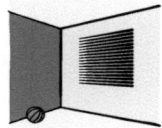

zid
dinding

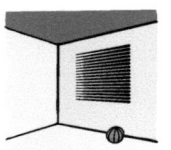

strop
siling

podrum
bilik bawah tanah

sauna
sauna

balkon
balkoni

terasa
teres

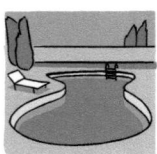

bazen
kolam renang

kosilica za travu
pemotong rumput

posteljina za krevet
lembaran

deka za krevet
penutup tilam

krevet
katil

metla
penyapu

kanta
timba

prekidač
suis

dnevna soba
ruang tamu

tapeta
kertas dinding
slika
gambar
svetiljka
lampu
regal
rak
ormar
kabinet
televizija
televisyen
kamin
pendiangan
cvijet
bunga
jastuk
kusyen
kauč
sofa
vaza
pasu
daljinski upravljač
alat kawalan jauh

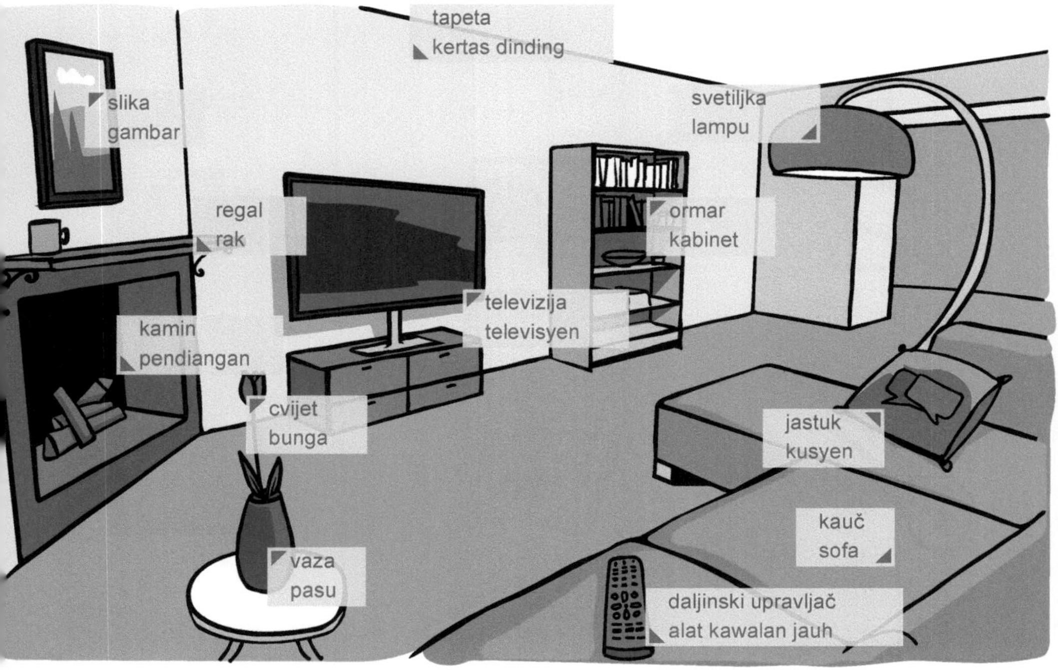

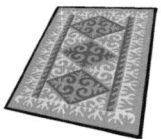

tepih

permaidani

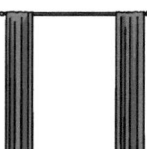

zavesa

tirai

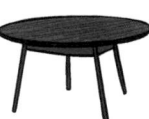

sto

meja

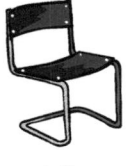

stolica

kerusi

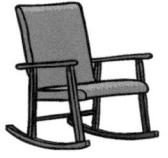

stolica za njihanje

kerusi malas

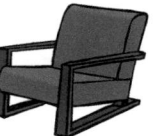

fotelja

kerusi

knjiga

buku

deka

selimut

dekoracija

hiasan

drvo za ogrev

kayu api

film

filem

hi-fi uređaj

hi-fi

ključ

kunci

novine

akhbar

slika na platnu

lukisan

poster

poster

radio

radio

blok za pisanje

buku catatan

usisivač

penyedut habuk

kaktus

kaktus

sveća

lilin

kuhinja
dapur

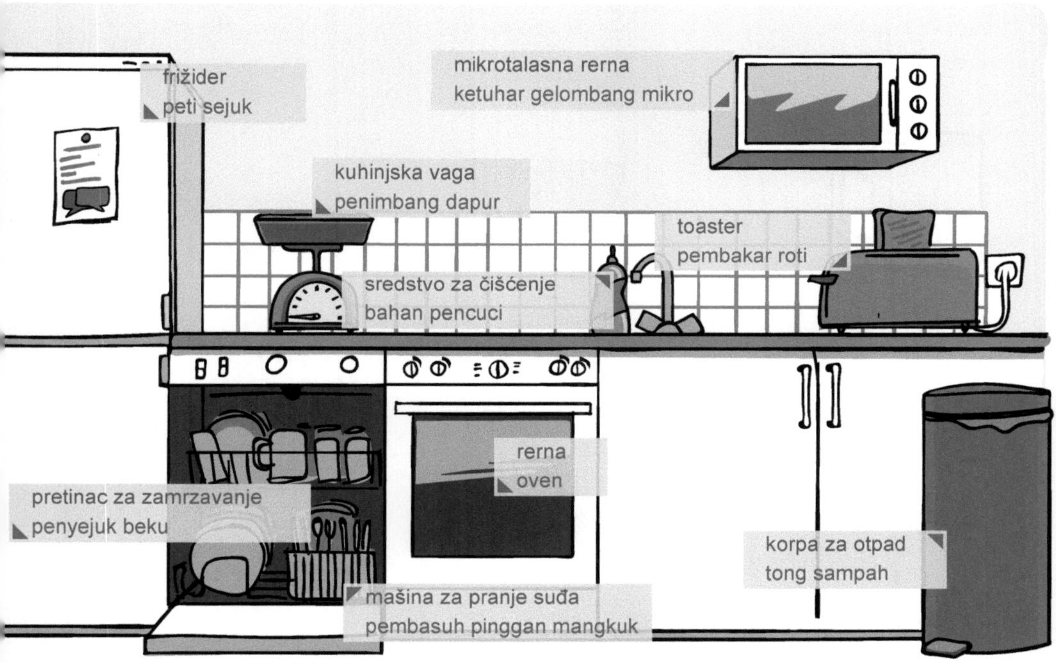
frižider
peti sejuk
mikrotalasna rerna
ketuhar gelombang mikro
kuhinjska vaga
penimbang dapur
toaster
pembakar roti
sredstvo za čišćenje
bahan pencuci
rerna
oven
pretinac za zamrzavanje
penyejuk beku
korpa za otpad
tong sampah
mašina za pranje suđa
pembasuh pinggan mangkuk

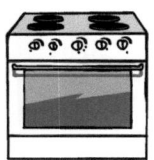

šporet
periuk dapur

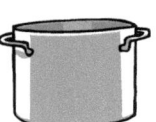

lonac
periuk

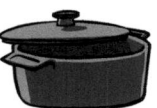

gvozdeni lonac
periuk besi

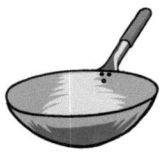

wok / kadai
kuali

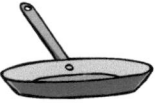

tava
pan

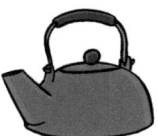

kuvalo za vodu
cerek

kuvalo na paru

pengukus

lim za pečenje

dulang pembakar

posuđe

pinggan mangkuk

čaša

koleh

posuda

mangkuk

štapići za jelo

penyepit

kutlača

senduk

lopatica

spatula

penjača

pengadun

sito za kuvanje

penapis

sito

ayak

ribež

pemarut

mužar

mortar

roštilj

barbeku

ognjište

pembakaran terbuka

daska

papan pencincang

oklagija

pin golekan

vadičep

skru gabus

konzerva

tin

otvarač konzervi

pembuka tin

krpa za lonac

pemegang periuk

sudoper

sinki

četka

berus

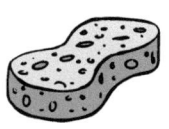

sunđer

span

mikser

pengisar

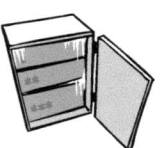

zamrzivač

penyejuk beku

flašica za bebe

botol bayi

slavina za vodu

paip

kupaonica
bilik air

grejanje
pemanasan
peškir
tuala
tuš
mandi
zavesa za tuš
tirai mandi
penušava kupka
mandi buih
kada
tab mandi
čaša
gelas
mašina za pranje veša
mesin basuh
slavina za vodu
paip
pločice
jubin
tuta
tandas
sudoper
sinki

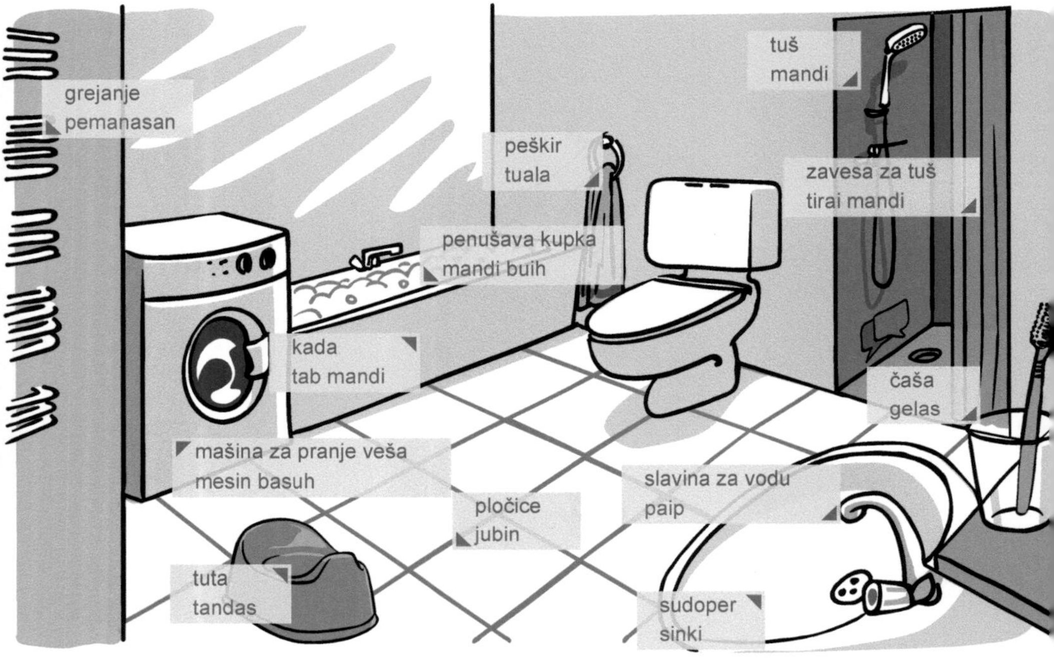

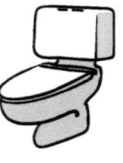

toalet

tandas

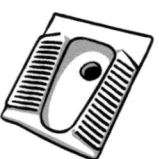

čučavac

tandas mencangkung

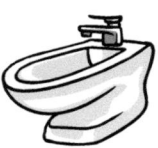

bidet

mangkuk tandas

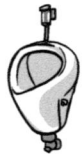

pisoar

tandas awam

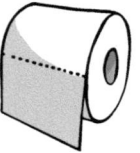

toaletni papir

kertas tandas

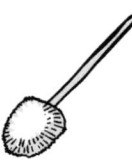

četka za toalet

berus tandas

četkica za zube

berus gigi

pasta za zube

ubat gigi

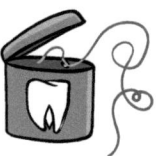

konac za zube

flos gigi

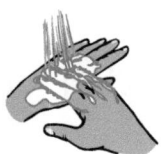

prati

cuci

tuš ručica

mandian tangan

tuš za pranje intimnih delova

pancuran

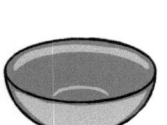

lavor

besen

četka za pranje leđa

belakang berus

sapun

sabun

gel za tuširanje

gel mandian

šampon

syampu

krpa za pranje

flanel

odvod

longkang

krema

krim

dezodorans

deodoran

ogledalo

cermin

kozmetičko ogledalo

cermin tangan

brijač

pisau cukur

pena za brijanje

busa cukur

losion za posle brijanja

selepas cukur

češalj

sikat

četka

berus

fen za kosu

pengering rambut

sprej za kosu

semburan rambut

makeup

mekap

ruž za usne

gincu

lak za nokte

varnis kuku

vata

bulu kapas

makaze za nokte

gunting kuku

parfem

pewangi

kozmetička torbica

beg basuhan

stolica

bangku

vaga

skala berat

ogrtač

jubah mandi

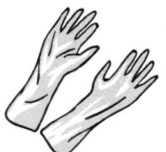

rukavice za čišćenje

sarung tangan getah

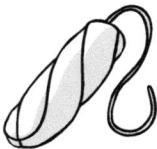

tampon

kapas

uložak

tuala wanita

hemijski toalet

tandas kimia

dečija soba
bilik kanak-kanak

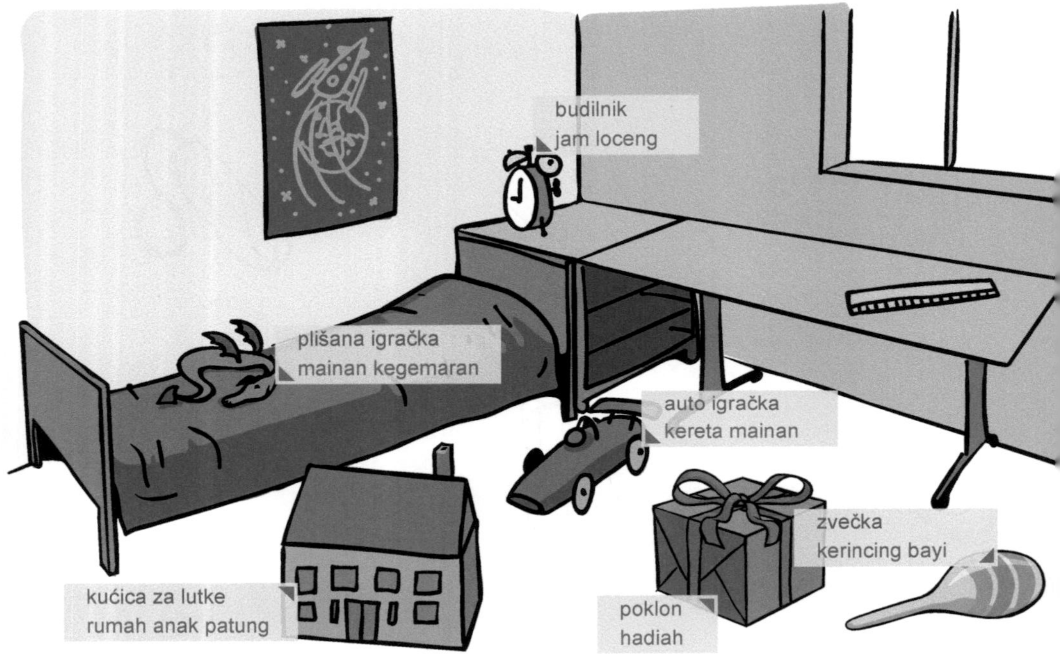
budilnik
jam loceng
plišana igračka
mainan kegemaran
auto igračka
kereta mainan
zvečka
kerincing bayi
kućica za lutke
rumah anak patung
poklon
hadiah

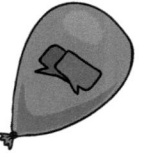

balon
belon

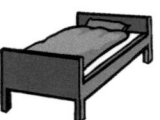

krevet
katil

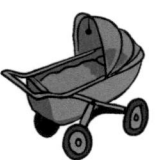

dječija kolica
kereta sorong bayi

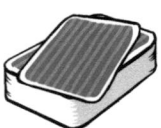

igra s kartama
set kad

slagalica
susun suai gambar

SUPER
MEGA

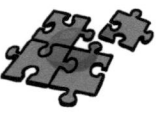

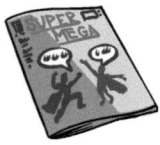

strip
komik

lego kockice

batu bata lego

kockice za slaganje

blok mainan

akcioni junak

figura aksi

benkica za bebe

baju bayi

frizbi

frisbee

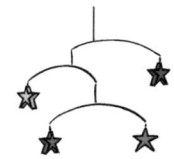

viseće igračke

mainan bayi mudah alih

društvene igre

permainan papan

kocka

dadu

minijaturna željeznica

set model kereta api

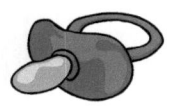

duda

palsu

zabava

parti

slikovnica

buku bergambar

lopta

bola

lutka

anak patung

igrati

main

pješčanik

lubang pasir

ljuljačka

buai

igračka

mainan

konzola za igre

konsol permainan video

tricikl

basikal roda tiga

tedi

anak patung beruang

ormar

almari pakaian

odeća

pakaian

kratke čarape

stoking

čarape

stoking

hulahopke

ketat

šal
skarf

kišobran
payung

majica
kemeja-t

keselamatan

čizme
but

papuče
selipar

patike
kasut sukan

sandale
....
sandal

cipele
....
kasut

gumene čizme
....
but getah

gaćice
....
seluar dalam

grudnjak
....
coli

potkošulja
....
ves

bodi
badan

pantalone
Seluar panjang

farmerke
jean

suknja
skirt

bluza
blaus

košulja
kemeja

džemper
baju panas sarung

džemper s kapuljačom
sweater

sako
blazer

jakna
jaket

kaput
kot

kabanica
baju hujan

kostim
kostum

haljina
pakaian

venčanica
baju pengantin

odelo
sut

spavaćica
baju tidur

pidžama
baju tidur

sari
sari

marama za glavu
skarf kepala

turban
serban

burka
burqa

kaftan
kaftan

abaja
abaya/jubah

kupaći kostim
baju renang

kupaće gaćice
seluar renang

kratke pantalone
seluar pendek

odeća za trening
sut balapan

kecelja
apron

rukavice
sarung tangan

dugme

butang

naočare

cermin mata

narukvica

gelang tangan

ogrlica

rantai leher

prsten

cincin

naušnica

subang

kapa

topi

vešalica

penyangkut kot

šešir

topi

kravata

tali leher

patent zatvarač

zip

kaciga

topi keledar

naramenice

pendakap

školska uniforma

uniform sekolah

uniforma

seragam

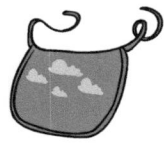

podbradak

lapik dada

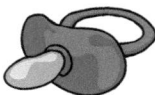

duda

palsu

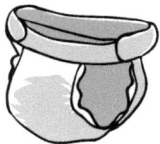

pelena

lampin

kancelarija
pejabat

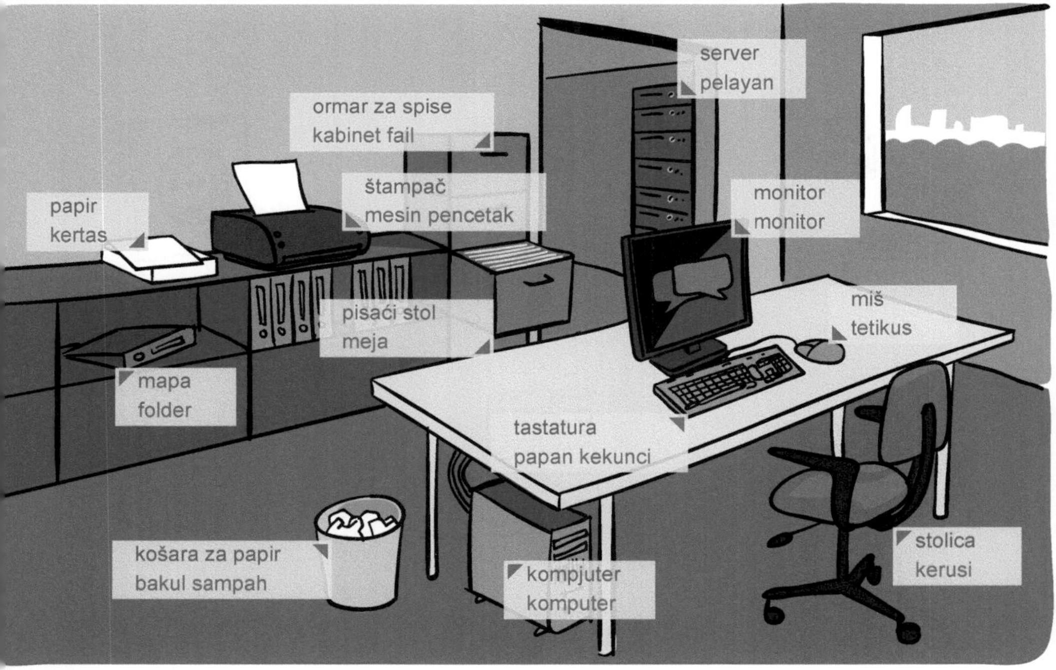
server
pelayan
ormar za spise
kabinet fail
štampač
mesin pencetak
papir
kertas
monitor
monitor
pisaći stol
meja
miš
tetikus
mapa
folder
tastatura
papan kekunci
košara za papir
bakul sampah
kompjuter
komputer
stolica
kerusi

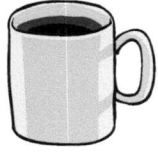

šalica za kavu

cawan kopi

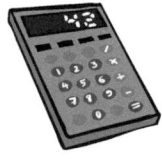

kalkulator

kalkulator

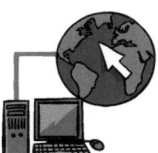

internet

internet

laptop

komputer riba

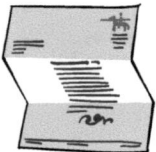

pismo

surat

poruka

mesej

mobilni telefon

mudah alih

mreža

rangkaian

uređaj za kopiranje

mesin fotokopi

softver

perisian

telefon

telefon

utičnica

soket plag

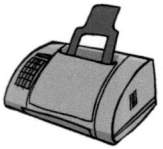

faks

mesin faks

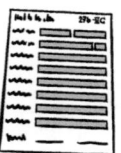

formular

bentuk

dokument

dokumen

kupovati

beli

platiti

bayar

trgovati

berdagang

novac

wang

dolar

dolar

evro

euro

jen

yen

rublja

rubel

švajcarski franak

franc swiss

renmindbi juan

renminbi yuan

rupija

rupee

automat za novac

mata tunai

menjačnica

pejabat tukaran mata wang

zlato

emas

srebro

perak

nafta

minyak

energija

tenaga

cena

harga

ugovor

kontrak

porez

cukai

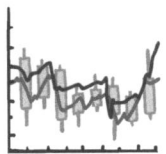

deonica

stok

raditi

kerja

službenik

pekerja

poslodavac

majikan

fabrika

kilang

prodavnica

kedai

ekonomija - ekonomi

zanimanja
pekerjaan

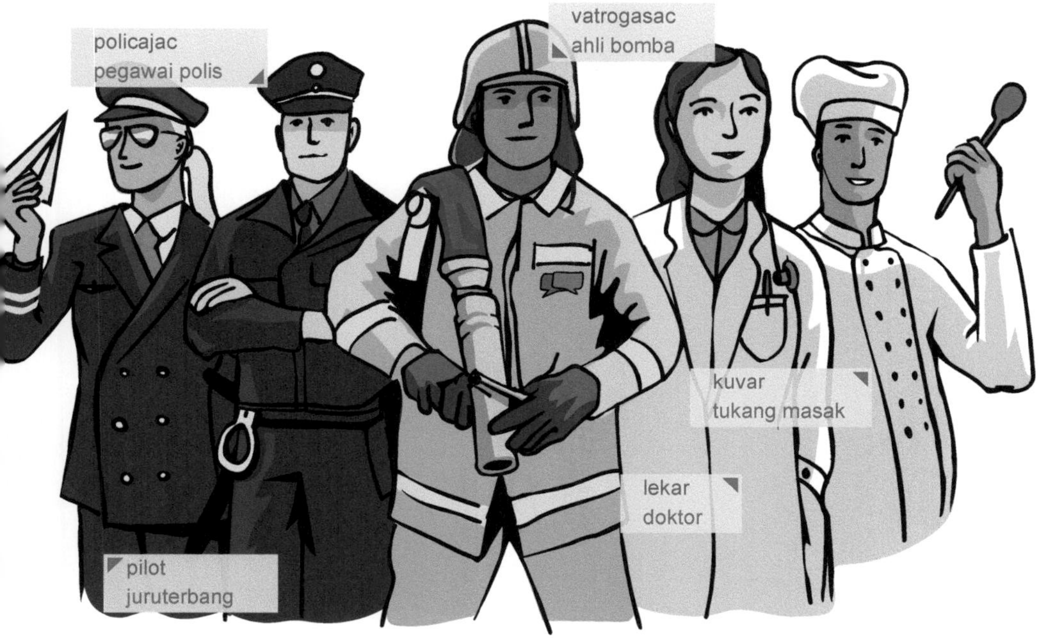

policajac
pegawai polis
vatrogasac
ahli bomba
kuvar
tukang masak
lekar
doktor
pilot
juruterbang

vrtlar

tukang kebun

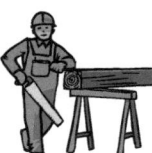

stolar

tukang kayu

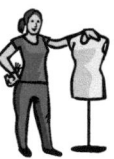

krojačica

tukang jahit

sudija

hakim

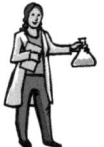

hemičar

ahli kimia

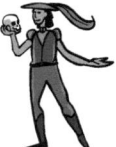

glumac

pelakon

vozač autobusa

pemandu bas

vozač taksija

pemandu teksi

ribar

nelayan

čistačica

wanita pencuci

krovopokrivač

kasau

konobar

pelayan

lovac

pemburu

slikar

pelukis

pekar

bakeri

električar

juruelektrik

građevinski radnik

pembangun

inženjer

jurutera

mesar

penjual daging

limar

tukang paip

poštar

posmen

vojnik

askar

arhitekta

arkitek

blagajnik

juruwang

cvećar

kedai bunga

frizer

pendandan rambut

kondukter

konduktor

mehaničar

mekanik

kapetan

kapten

zubar

doktor gigi

naučnik

ahli sains

rabi

tuhanku

imam

imam

monah

sami

svećenik

paderi

čekić
tukul

klešta
playar

odvijač
pemutar skru

ključ za zavrtnje
sepana

džepna lampa
obor

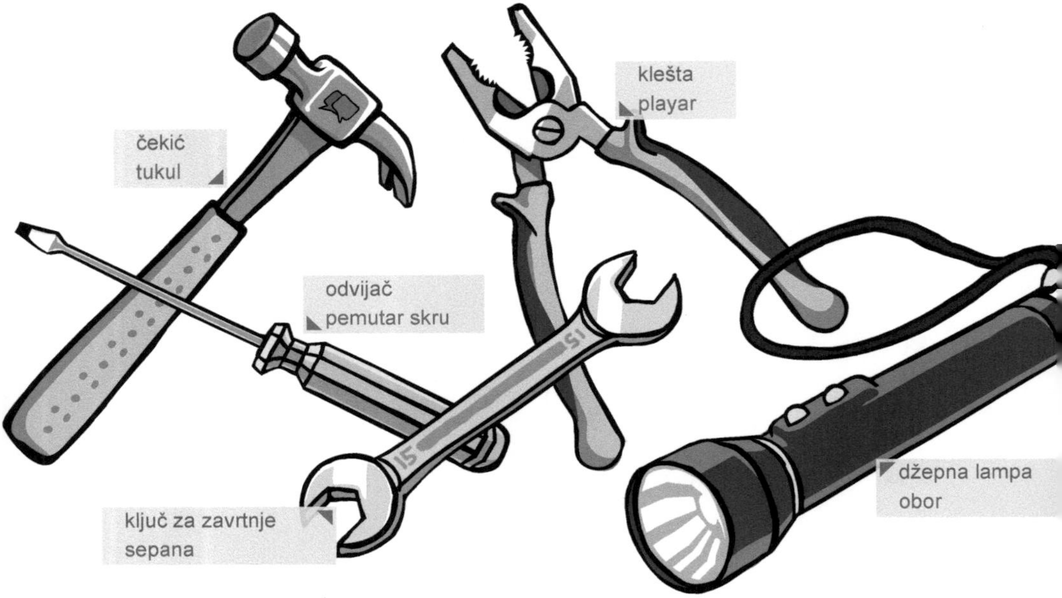

bager
....
pengorek

kutija za alat
....
kotak peralatan

merdevine
....
tangga

pila
....
gergaji

ekser
....
kuku

bušilica
....
gerudi

alati - alat

popraviti
baiki

lopata
penyodok

do đavola!
Celaka!

lopatica
penadah sampah

lonac za boju
periuk cat

zavrtanji
skru

muzički instrument
alat muzik

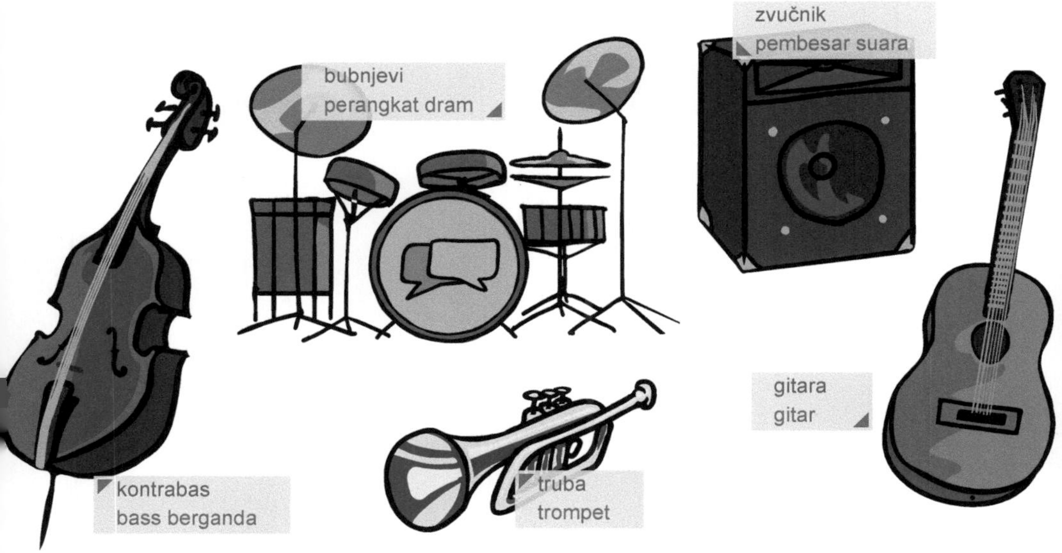

zvučnik
pembesar suara

bubnjevi
perangkat dram

gitara
gitar

kontrabas
bass berganda

truba
trompet

klavir

piano

violina

biola

bas

bass

timpani

timpani

udaraljke za bubnjeve

dram

tipke klavira

papan kekunci

saksofon

saksofon

flauta

seruling

mikrofon

mikrofon

tigar
harimau

ulaz
pintu masuk

kavez
sangkar

zebra
zebra

hrana za životinje
makanan haiwan

panda
panda

životinje
haiwan

slon
gajah

kengur
kanggaru

nosorog
badak sumbu

gorila
gorila

medved
beruang

kamila
unta

noj
burung unta

lav
singa

majmun
monyet

flamingo
flamingo

papagaj
nuri

polarni medved
beruang kutub

pingvin
penguin

ajkula
yu

paun
merak

zmija
ular

krokodil
buaya

čuvar u zoološkom vrtu
penjaga zoo

tuljan
anjing laut

jaguar
jaguar

poni
kuda

leopard
harimau

nilski konj
badak air

žirafa
zirafah

orao
helang

divlja svinja
babi jantan

riba
ikan

kornjača
penyu

morž
anjing laut

lisica
musang

gazela
rusa

sukan

američki nogomet
bola sepak Amerika

biciklizam
berbasikal

tenis
tenis

košarka
bola keranjang

plivanje
renang

hokej na ledu
hoki ais

boks
tinju

fudbal	badminton	atletika
bola sepak	badminton	olahraga
rukomet	skijanje	polo
bola baling	ski	polo

aktivnosti
aktiviti

skočiti
lompat
smejati se
ketawa
zagrliti
peluk
ići
berjalan
pevati
menyanyi
sanjati
mimpi
moliti se
berdoa
poljubiti
cium

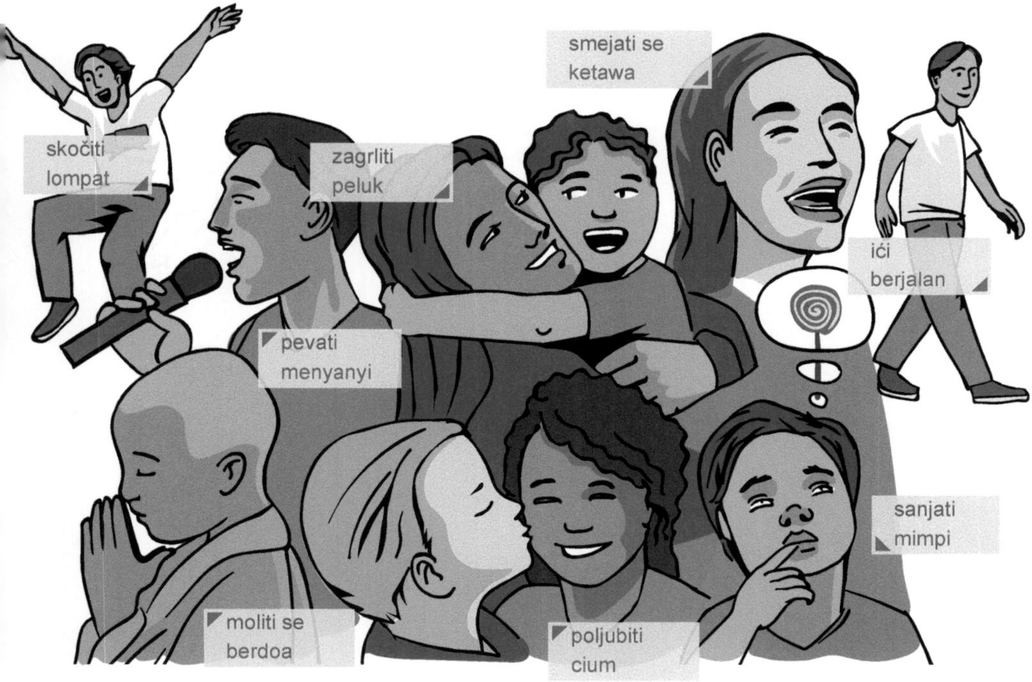

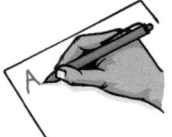

pisati
tulis

crtati
lukis

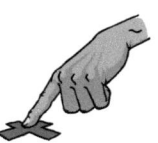

pokazati
tunjuk

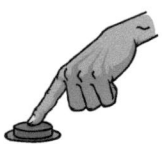

gurati
tolak

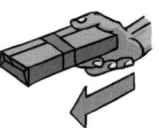

dati
beri

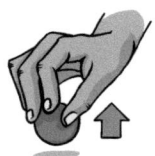

uzeti
ambil

imati
ada

činiti
buat

biti
ialah

stojati
berdiri

trčati
lari

povlačiti
tarik

baciti
buang

padati
jatuh

ležati
tipu

čekati
tunggu

nositi
bawa

sediti
duduk

oblačiti
pakai

spavati
tidur

probuditi se
bangkit

gledati	plakati	milovati
lihat pada	menangis	strok

češljati	govoriti	razumeti
sikat	cakap	faham

pitati	slušati	piti
tanya	dengar	minum

jesti	pospremiti	voleti
makan	mengemas	sayang

kuhati	voziti	leteti
masak	pandu	terbang

ploviti
belayar

računati
kira

čitati
baca

učiti
belajar

raditi
kerja

venčati se
nikah

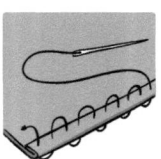

šiti
jahit

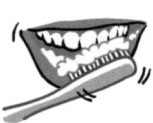

prati zube
memberus gigi

ubiti
bunuh

pušiti
asap

poslati
hantar

baka
nenek

deda
datuk

otac
bapa

majka
ibu

beba
bayi

kćerka
anak perempuan

sin
anak lelaki

gost

tetamu

tetka

mak cik

ujak, stric

pak cik

brat

abang

sestra

kakak

telo

badan

čelo
dahi
oko
mata
lice
muka
brada
dagu
prst
jari
ruka
tangan
grudi
dada
ruka
lengan
rame
bahu
noga
kaki

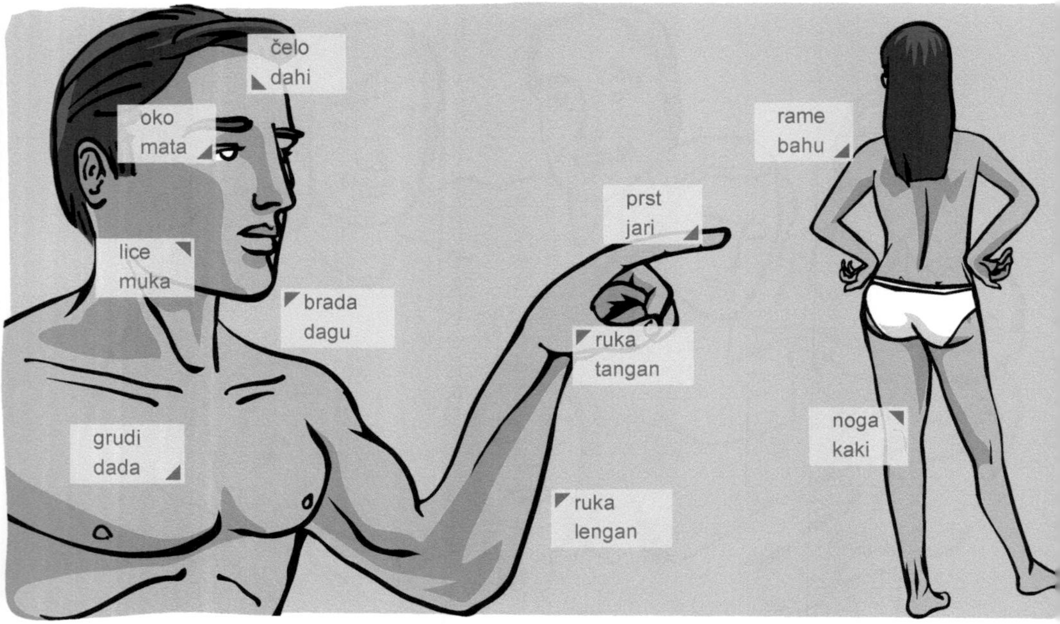

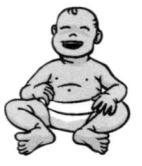

beba

bayi

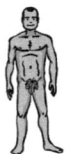

muškarac

lelaki

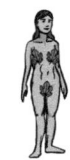

žena

wanita

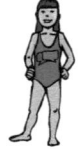

devojčica

perempuan

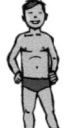

dečak

lelaki

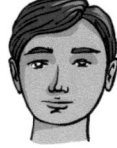

glava

kepala

leđa

belakang

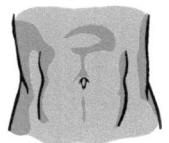

stomak

bawah perut

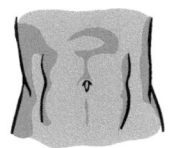

pupak

pusat

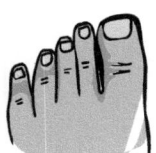

nožni prst

jari kaki

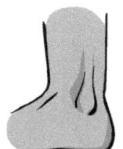

peta

tumit

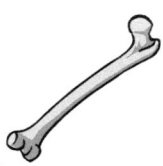

kost

tulang

kukovi

pinggul

koleno

lutut

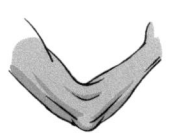

lakat

siku

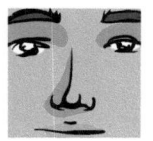

nos

hidung

zadnjica

bawah

koža

kulit

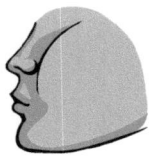

obraz

pipi

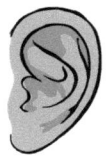

uvo

telinga

usna

bibir

usta
mulut

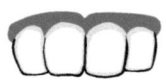

zub
gigi

jezik
lidah

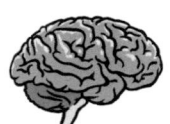

mozak
otak

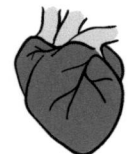

srce
hati

mišić
otot

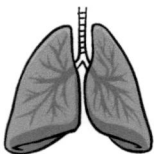

pluća
paru-paru

jetra
hati

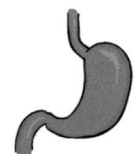

želudac
perut

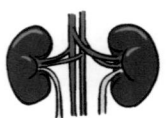

bubrezi
buah pinggang

polni odnos
seks

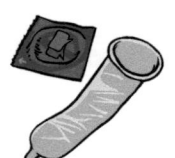

kondom
kondom

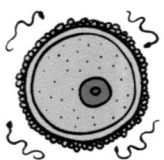

jajna ćelija
faraj

sperma
mani

trudnoća
mengandung

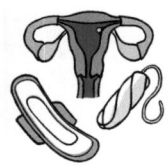

menstruacija
....
haid

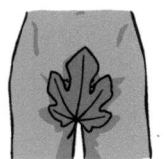

vagina
....
faraj

penis
....
penis

obrva
....
kening

kosa
....
rambut

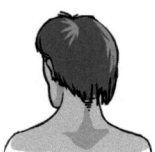

vrat
....
leher

bolnica
hospital

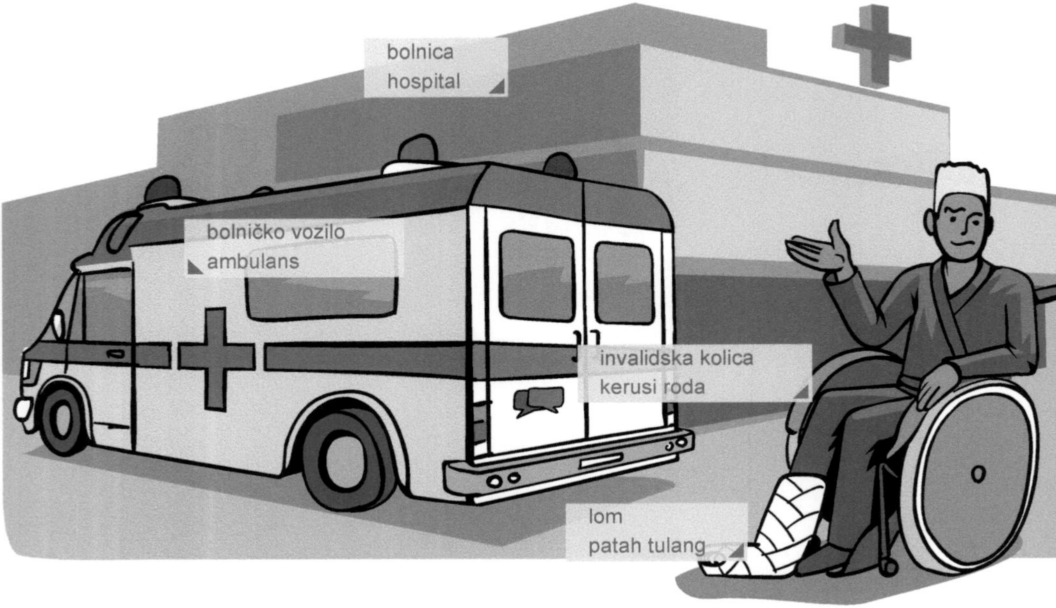

bolnica
hospital
bolničko vozilo
ambulans
invalidska kolica
kerusi roda
lom
patah tulang

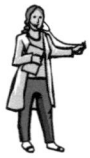

lekar
doktor

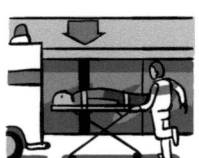

hitna medicinska služba
bilik kecemasan

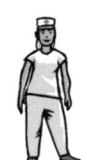

medicinska sestra
jururawat

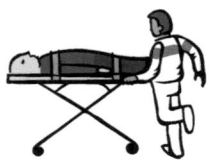

hitni slučaj
kecemasan

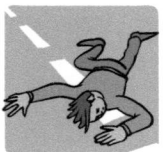

nesvest
tak sedar

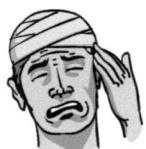

bol
sakit

povreda

kecederaan

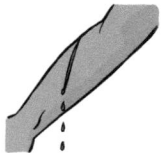

krvarenje

pendarahan

srčani udar

serangan jantung

udar

strok

alergija

alergi

kašalj

batuk

groznica

demam

gripa

selesema

proliv

cirit-birit

glavobolja

sakit kepala

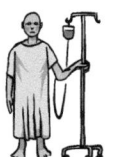

rak

kanser

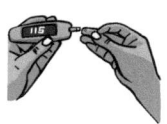

dijabetes

diabetes

hirurg

pakar bedah

skalpel

pisau bedah

operacija

pembedahan

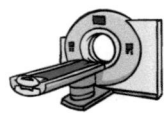

ct
CT

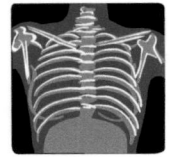

rentgen
x-ray

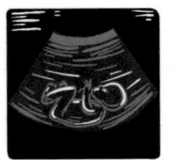

ultrazvuk
ultrabunyi

maska
topeng muka

bolest
penyakit

čekaona
bilik menunggu

štaka
penongkat

flaster
plaster

zavoj
pembalut

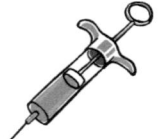

injekcija
suntikan

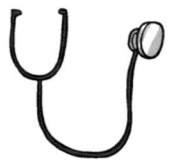

stetoskop
stetoskop

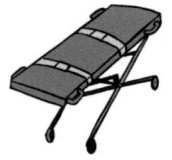

nosila
pengusung

termometar
termometer klinik

rođenje
kelahiran

prekomerna težina
berat badan berlebihan

slušni aparat

alat pendengaran

sredstvo za dezinfekciju

disinfektan

infekcija

jangkitan

virus

virus

HIV / AIDS

HIV / AIDS

medicina

perubatan

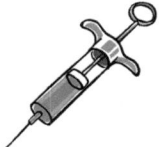

vakcinacija

vaksinasi

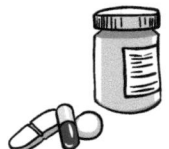

tablete

tablet

pilula

pil

hitni poziv

panggilan kecemasan

uređaj za merenje pritiska

pantau tekanan darah

bolesno / zdravo

sakit / sihat

pomoć!

Tolong!

alarm

penggera

nasrtaj

serang

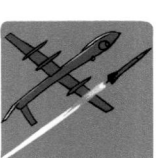

napad

serangan

opasnost

bahaya

izlaz u slučaju nužde

pintu kecemasan

požar!

Api!

protivpožarni aparat

alat pemadam api

nezgoda

kemalangan

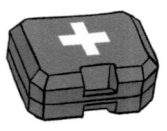

kutija prve pomoći

alat pertolongan cemas

sos

SOS

policija

polis

Evropa

Eropah

Severna Amerika

Amerika Utara

Južna Amerika

Amerika Selatan

Afrika

Afrika

Azija

Asia

Australija

Australia

Atlantik

Atlantic

Pacifik

Pasifik

Indijski okean

Lautan Hindi

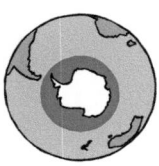

Antarktički okean

Lautan Antartik

Arktički ocean

Lautan Artik

Severni pol

Kutub utara

Južni pol
Kutub Selatan

Antarktik
Antartika

zemlja
bumi

zemlja
tanah

more
laut

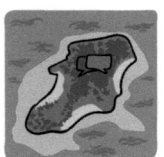

otok
pulau

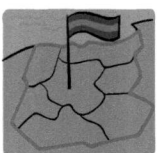

nacija
negara

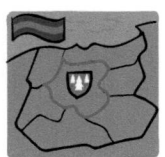

država
negeri

brojčanik sata

muka jam

satna kazaljka

tangan jam

minutna kazaljka

tangan minit

sekundna kazaljka

terpakai

Koliko je sati?

Jam berapa sekarang

dan

hari

vreme

masa

sada

sekarang

digitalni sat

jam digital

minuta

minit

čas

jam

sedmica
minggu

ponedeljak
Isnin

MO

sreda
Rabu

W

petak
Jumaat

FR

TU

TH

SA

utorak
Selasa

subota
Sabtu

SO

četvrtak
Khamis

nedelja
Ahad

juče
....
semalam

danas
....
hari ini

sutra
....
esok

jutro
....
pagi

podne
....
tengah hari

veče
....
petang

radni dani
....
hari kerja

vikend
....
hari minggu

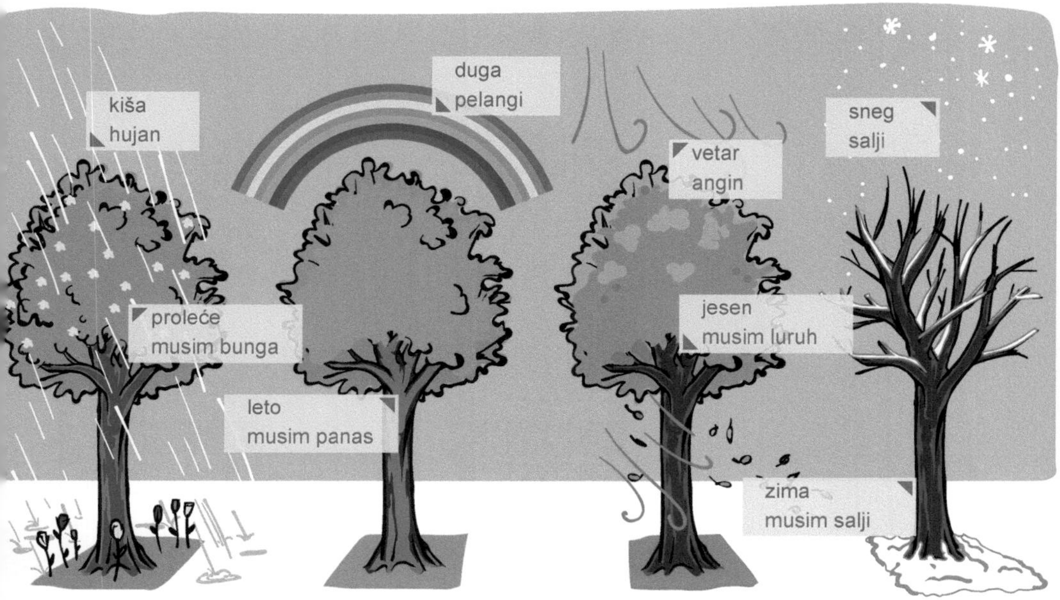

kiša
hujan

duga
pelangi

vetar
angin

sneg
salji

proleće
musim bunga

jesen
musim luruh

leto
musim panas

zima
musim salji

4.APRIL	11°	☀
5.APRIL	4°	☁
6.APRIL	13°	☔
7.APRIL	8°	❄
8.APRIL	10°	☀

meteorološka prognoza

ramalan cuaca

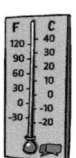

termometar

termometer

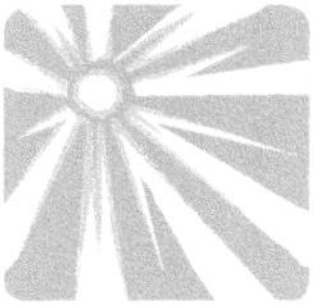

sunčana svetlost

sinar matahari

oblak

awan

magla

kabus

vlažnost vazduha

lembapan

munja

kilat

grmljavina

petir

oluja

ribut

tuča

hujan batu

monsun

monsun

poplava

banjir

led

ais

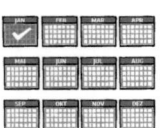

januar

Januari

februar

Februari

mart

Mac

april

April

maj

Mei

juni

Jun

juli

Julai

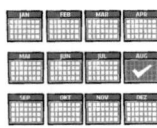

avgust

Ogos

septembar
....
September

oktobar
....
Oktober

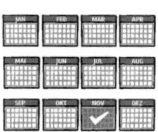

novembar
....
November

decembar
....
Disember

krug
....
bulatan

kvadrat
....
petak

pravougao
....
segi empat tepat

trougao
....
segitiga

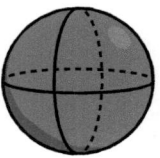

kugla
....
sfera

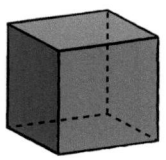

kocka
....
kiub

bela
....
putih

žuta
....
kuning

narandžasta
....
oren

ružičasta
....
merah jambu

crvena
....
merah

ljubičasta
....
ungu

plava
....
biru

zelena
....
hijau

smeđa
....
coklat

siva
....
kelabu

crna
....
hitam

mnogo / malo

banyak / sedikit

ljutito / mirno

marah / tenang

lepo / ružno

cantik / hodoh

početak / kraj

bermula / tamat

veliko / maleno

besar kecil

svetlo / tamno

terang / gelap

brat / sestra

abang / kakak

čisto / prljavo

bersih / kotor

potpuno / nepotpuno

lengkap / tidak lengkap

dan / noć

hari / malam

mrtvo / živo

mati / hidup

široko / usko

luas / sempit

jestivo / nejestivo

boleh dimakan / tidak boleh dimakan

zlo / dobro

jahat / baik

uzbuđeno / dosadno

teruja / bosan

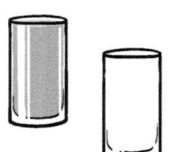

debelo / mršavo

gemuk / kurus

na početku / na kraju

pertama / terakhir

prijatelj / neprijatelj

kawan / musuh

puno / prazno

penuh / kosong

tvrdo / mekano

keras / lembut

teško / lagano

berat / ringan

glad / žeđ

lapar / dahaga

bolesno / zdravo

sakit / sihat

ilegalno / legalno

menyalahi undang-undang / undang-undang

pametno / glupo

pintar / bodoh

levo / desno

kiri / kanan

blizu / daleko

dekat / jauh

novo / polovno
baru / lama

ništa / nešto
tiada / sesuatu

staro / mlado
tua / muda

uključeno / isključeno
hidup / mati

otvoreno / zatvoreno
terbuka / tertutup

tiho / glasno
diam / bising

bogato / siromašno
kaya / miskin

tačno / pogrešno
betul / salah

hrapavo / glatko
kasar / halus

tužno / sretno
sedih / gembira

kratko / dugo
pendek / panjang

polako / brzo
lambat / laju

mokro / suho
basah / kering

toplo / hladno
panas / sejuk

rat / mir
berperang / berdamai

0

nula

sifar

1

jedan

satu

2

dva

dua

3

tri

tiga

4

četiri

empat

5

pet

lima

6

šest

enam

7

sedam

tujuh

8

osam

lapan

9

devet

sembilan

10

deset

sepuluh

11

jedanaest

sebelas

12
dvanaest
dua belas

13
trinaest
tiga belas

14
četrnaest
empat belas

15
petnaest
lima belas

16
šestnaest
enam belas

17
sedamnaest
tujuh belas

18
osamnaest
lapan belas

19
devetnaest
Sembilan belas

20
dvadeset
dua puluh

100
stotinu
ratus

1.000
hiljadu
ribu

1.000.000
milion
juta

bahasa-bahasa

engleski

Bahasa Inggeris

američki engleski

Bahasa Inggeris Amerika

mandarinski kineski

Bahasa Cina Mandarin

hindski

Bahasa Hindi

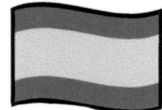

španski

Bahasa Sepanyol

francuski

Bahasa Perancis

arapski

Bahasa Arab

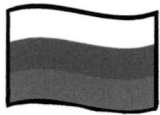

ruski

Bahasa Rusia

portugalski

Bahasa Portugis

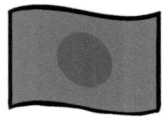

bengalski

Bahasa Benggali

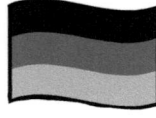

nemački

Bahasa Jerman

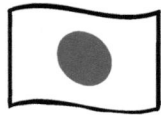

japanski

Bahasa Jepun

ja
....
saya

ti
....
anda

on / ona / ono
....
dia / dia / ia

mi
....
kita

vi
....
anda

oni
....
mereka

Ko?
....
siapa?

Šta?
....
apa?

Kako?
....
bagaimana?

Gde?
....
di mana?

Kada?
....
bila?

ime
....
nama

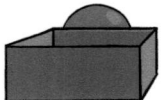

iza
....
belakang

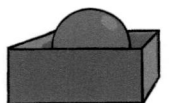

u
....
dalam

ispred
....
di hadapan

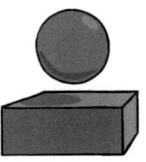

preko
....
lebih

na
....
pada

ispod
....
di bawah

pored
....
bersebelahan

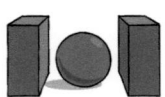

između
....
antara

mesto
....
tempat